Vorwort

Sehr schnell verfällt man dem Amigurumi Häkelfieber.
Besonders jetzt in der kalten Jahreszeit wird wieder viel
gehäkelt. Hierbei sind der Fantasie keine Grenzen gesetzt.
Als kleines Mitbringsel freuen sich darüber jung und alt.
Die Figuren werden zumeist mit Festen Maschen
gehäkelt und in Runden. Dieses sollte man für die
Erstellung der Figuren beherrschen. Alle Amigurumi
Tierchen sind aber sehr leicht nachzuhäkeln, das Buch ist
auch für Anfänger geeignet.
Ich wünsche Ihnen viel Freude damit.

1

Inhaltsverzeichnis

Das lustige Küken Hugo

Ottilie Megarüssel

Esel Ludmilla

Nachtrag zum Impressum / Copyright

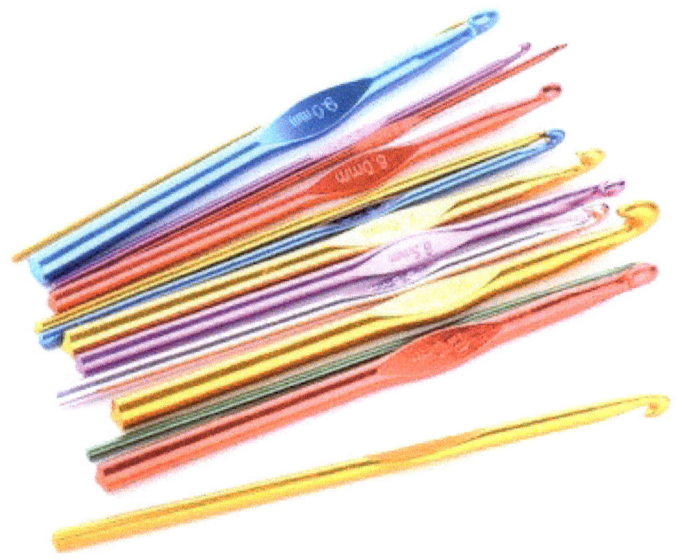

Rosie, die kleine Raupe

Material

Catania Wolle von Schachenmayr in Rosa und Grün,
sowie Rot für den Mund.

Füllwatte.

Augen.

Nadel und Faden.

Häkelnadel Größe 2.

Anleitung

Es wird immer in Runden und in Festen Maschen
gehäkelt.

Wir beginnen mit der Farbe Grün.

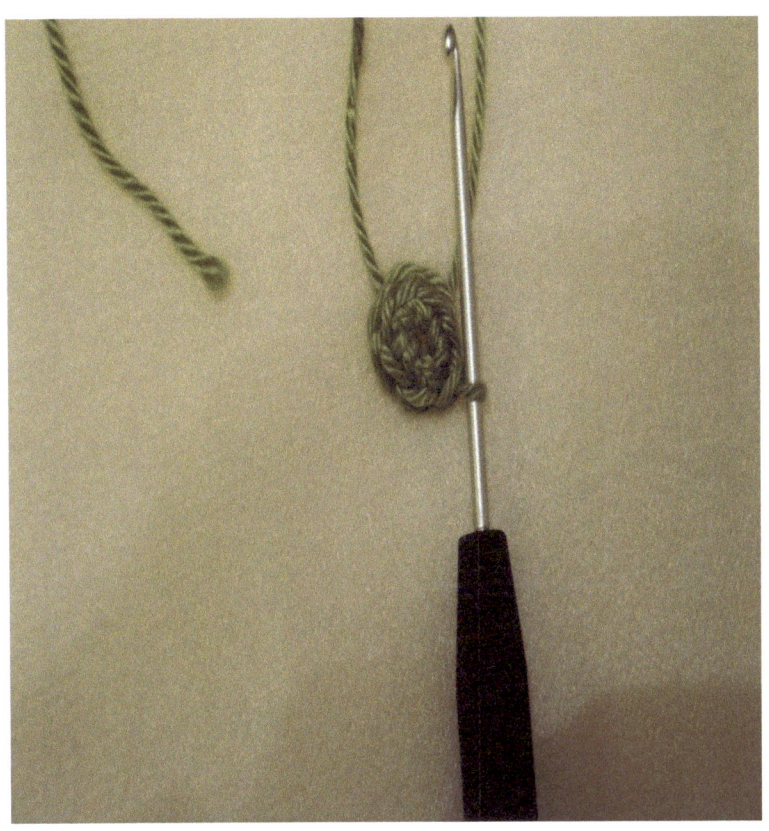

- 2 Maschen anschlagen
- in den sich gebildeten Kreis 6 Feste Maschen häkeln
- man kann aber auch mit einem Fadenring beginnen
  und dann die Maschen hinein häkeln
- jede Masche verdoppeln (12)
- jede 2. Masche verdoppeln (18)
- 3 Reihen Feste Maschen (18)
- mit Watte ausstopfen
- jede 2. und 3. Masche zusammen häkeln (12)

\- jede 1. und 2. Masche zusammen häkeln (6)

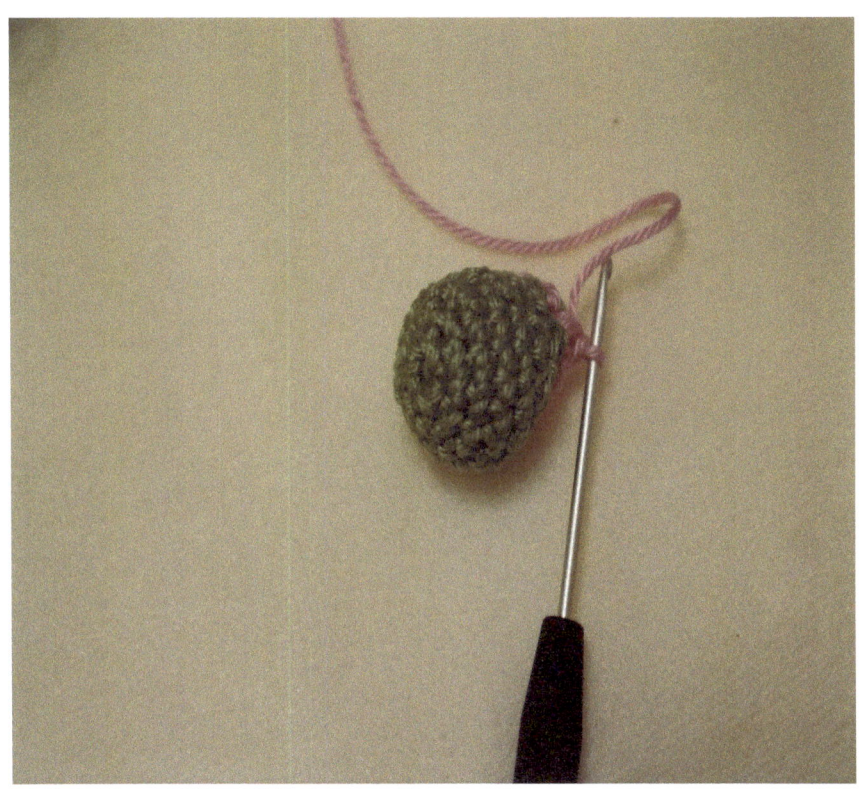

- nun die Rosa Farbe nehmen
- jede Masche verdoppeln (12)
- jede 2. Masche verdoppeln (18)
- jede 3. Masche verdoppeln (24)
- jede 4. Masche verdoppeln (30)
- 4 Reihen Feste Maschen
- jede 4. und 5. Masche zusammen häkeln (24)
- jede 3. und 4. Masche zusammen häkeln (18)
- mit Watte ausstopfen
- jede 2. und 3. zusammen häkeln (12)
- jede 1. und 2. zusammen häkeln (6)

- nun wieder auf Grün wechseln
- jede Masche verdoppeln (12)
- jede 2. Masche verdoppeln (18)
- jede 3. Masche verdoppeln (24)
- jede 4. Masche verdoppeln (30)
- jede 5. Masche verdoppeln (36)
- jede 6. Masche verdoppeln (42)
- 8 Reihen Feste Maschen (42)
- jede 6. und 7. Masche zusammen häkeln (36)

- jede 5. und 6. Masche zusammen häkeln (30)
- jede 4. und 5. Masche zusammen häkeln (24)
- jede 3. und 4. Masche zusammen häkeln (18)
- mit Watte ausstopfen
- jede 2. und 3. zusammen häkeln (12)
- jede 1. und 2. zusammen häkeln (6)

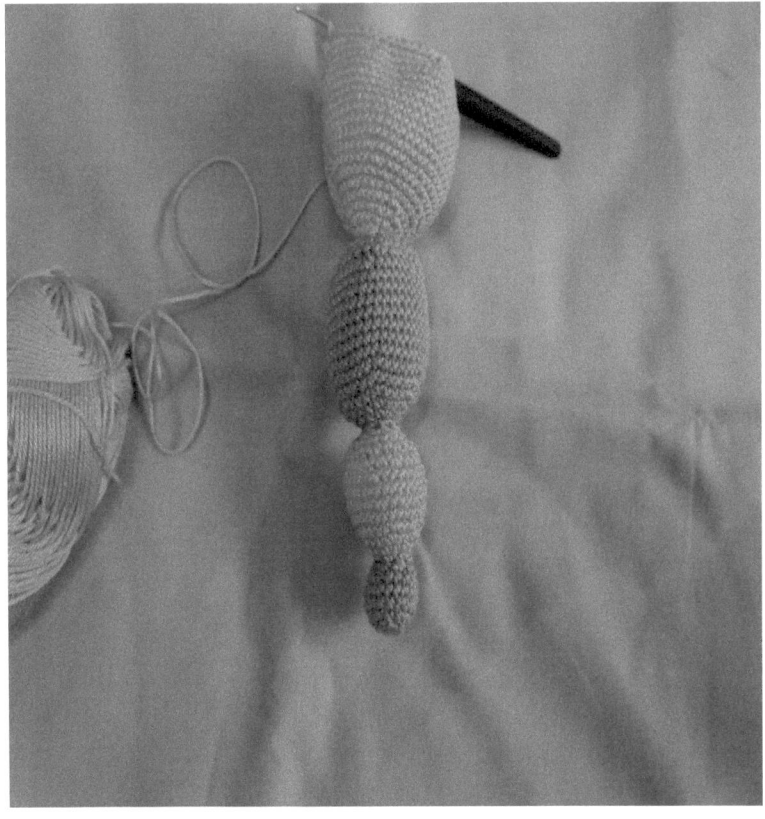

- nun wechseln wir wieder auf Rosa

- jede Masche verdoppeln (12)
- jede 2. Masche verdoppeln (18)
- jede 3. Masche verdoppeln (24)
- jede 4. Masche verdoppeln (30)
- jede 5. Masche verdoppeln (36)
- jede 6. Masche verdoppeln (42)
- jede 7. Masche verdoppeln (48)
- jede 8. Masche verdoppeln (54)
- 10 Reihen Feste Maschen
- jede 8. und 9. Masche zusammen häkeln (48)
- jede 7. und 8. Masche zusammen häkeln (42)
- jede 6. und 7. Masche zusammen häkeln (36)
- jede 5. und 6. Masche zusammen häkeln (30)
- jede 4. und 5. Masche zusammen häkeln (24)
- jede 3. und 4. Masche zusammen häkeln (18)
- mit Watte ausstopfen
- jede 2. und 3. zusammen häkeln (12)
- jede 1. und 2. zusammen häkeln (6)

- nun häkeln wir den Kopf und wechseln wieder auf
  Grün
- jede Masche verdoppeln (12)
- jede 2. Masche verdoppeln (18)
- jede 3. Masche verdoppeln (24)
- jede 4. Masche verdoppeln (30)
- jede 5. Masche verdoppeln (36)
- jede 6. Masche verdoppeln (42)
- jede 7. Masche verdoppeln (48)
- jede 8. Masche verdoppeln (54)
- jede 9. Masche verdoppeln (60)
- jede 10. Masche verdoppeln (66)
- 12 Reihen Feste Maschen

- jede 10. und 11. Masche zusammen häkeln (60)
- jede 9. und 10. Masche zusammen häkeln (54)
- jede 8. und 9. Masche zusammen häkeln (48)
- jede 7. und 8. Masche zusammen häkeln (42)
- jede 6. und 7. Masche zusammen häkeln (36)
- schon mal die Augen positionieren und den Mund aufsticken
- etwas mit Watte vorstopfen
- jede 5. und 6. Masche zusammen häkeln (30)
- jede 4. und 5. Masche zusammen häkeln (24)
- jede 3. und 4. Masche zusammen häkeln (18)
- mit Watte ausstopfen
- jede 2. und 3. zusammen häkeln (12)
- jede 1. und 2. zusammen häkeln (6)
- abketten und vernähen

Fühler (2 x)

- 2 Maschen anschlagen
- in den sich gebildeten Kreis 6 Feste Maschen häkeln
- man kann aber auch mit einem Fadenring beginnen und dann die Maschen hinein häkeln
- jede Masche verdoppeln (12)
- 3 Reihen Feste Maschen
- mit Watte ausstopfen und auf den Kopf annähen.
- Das Tierchen ist fertig!

Der kleine Elefant Benjamin

Folgende Materialien werden benötigt:

- Wolle, am Besten Baumwolle
- Der kleine Elefant wurde mit Catania von
  Schachenmayr gehäkelt
- Häkelnadel in der passenden Stärke, ich habe
  Stärke 2,5 genommen
- Füllwatte

- Nähgarn
- Nähnadel
- Knöpfe oder Tieraugen
- Schere

Wir beginnen mit dem Körper

Jeder Stichpunkt beinhaltet eine neue Runde. Es wird in Festen Maschen gehäkelt.

- Bilden Sie einen Fadenring (oder häkeln Sie zwei Luftmaschen und stechen in die zweite Masche ein).
- Häkeln Sie 6 Feste Maschen im Ring.
- Nun verdoppeln Sie jede Masche, so dass sich jetzt 12 Maschen im Ring befinden.
- Jetzt müssen Sie jede 2. Masche verdoppeln. Es befinden sich jetzt 18 Maschen im Ring.
- Bitte verdoppeln Sie jede 3. Masche. Sie haben nun 24 Maschen.
- Jetzt jede 4. Masche verdoppeln. Es sind nun 30 Maschen vorhanden.
- Verdoppeln Sie bitte jede 5. Masche. Sie haben nun 36 Maschen.
- Nun häkeln Sie 13 Reihen Feste Maschen in Runden. Ich markiere den Anfang der Runde immer mit einer Büroklammer.

- Jede 4. und 5. Masche zusammenhäkeln. Es sind nun noch 30 Maschen vorhanden.
- Jetzt häkeln wir jede 3. und 4. Masche zusammen. Wir haben dann 24 Maschen.
- .Jede 2. und 3. Masche wird zusammengehäkelt. Jetzt sind es noch 18 Maschen.
- Den Körper nun schon mal mit Watte ausfüllen.
- Jede 1. und 2. Masche zusammenhäkeln. Wir haben 12 Maschen.
- Nun jede Masche zusammenhäkeln. Wir haben nun 6 Maschen.
- Abketten und zunähen. Den Faden lang lassen zum Vernähen.
- Die Augen befestigen.

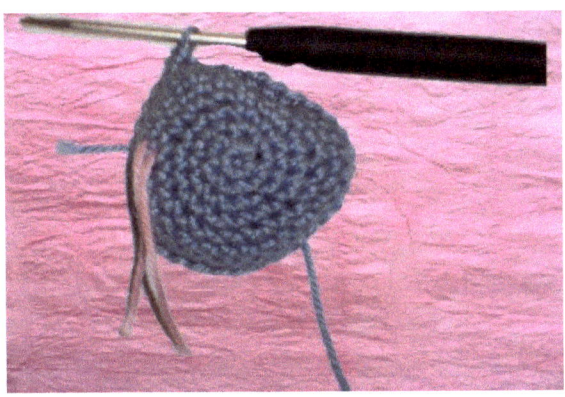

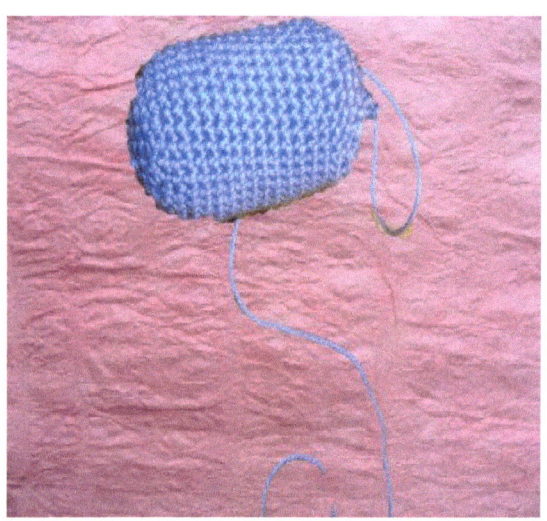

Nun häkeln wir zwei mal die Ohren

Jeder Stichpunkt beinhaltet eine neue Runde. Es wird in Festen Maschen gehäkelt.

- Bilden Sie einen Fadenring (oder häkeln Sie zwei Luftmaschen und stechen in die zweite Masche ein).
- Häkeln Sie 6 Feste Maschen im Ring.
- Nun verdoppeln Sie jede Masche, so dass sich jetzt 12 Maschen im Ring befinden.
- Jetzt müssen Sie jede 2. Masche verdoppeln. Es befinden sich jetzt 18 Maschen im Ring.

- Bitte verdoppeln Sie jede 3. Masche. Sie haben nun 24 Maschen.
- Nun zwei Runden lang feste Maschen häkeln.
- Abketten und den Faden lang zum Vernähen lassen. Am Kopfteil befestigen.

Ein Elefant braucht auch eine lange Nase

Jeder Stichpunkt beinhaltet eine neue Runde. Es wird in Festen Maschen gehäkelt.

- Bilden Sie einen Fadenring (oder häkeln Sie zwei Luftmaschen und stechen in die zweite Masche ein).
- Häkeln Sie 6 Feste Maschen im Ring.
- Nun verdoppeln Sie jede Masche, so dass sich jetzt 12 Maschen im Ring befinden.
- Nun einfach 7 Reihen Feste Maschen in Runden häkeln.
- Abketten und den Faden lang lassen.
- Die Nase ausstopfen und annähen.

Benjamin möchte auch laufen. Also braucht er vier Beine!

Jeder Stichpunkt beinhaltet eine neue Runde. Es wird in Festen Maschen gehäkelt.

- Bilden Sie einen Fadenring (oder häkeln Sie zwei Luftmaschen und stechen in die zweite Masche ein).
- Häkeln Sie 6 Feste Maschen im Ring.
- Nun verdoppeln Sie jede Masche, so dass sich jetzt 12 Maschen im Ring befinden.
- Nun einfach 2 Reihen Feste Maschen in Runden häkeln.
- Abketten und den Faden lang lassen.
- Ausstopfen und unterm Bauch annähen.
- Das Ganze insgesamt vier Mal.

Nun kann Benjamin zum Leben erweckt werden!

Schwanz

8 Luftmaschen häkeln und an den Po des Elefanten häkeln.

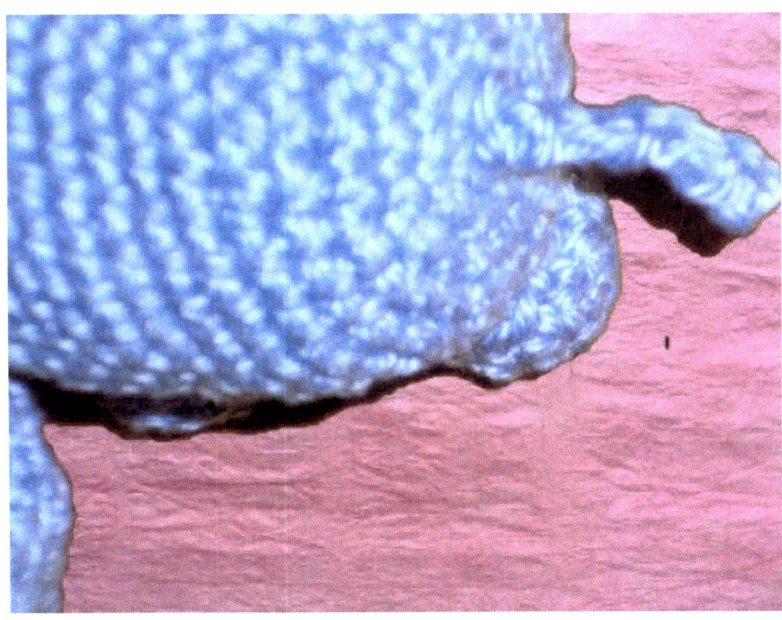

Kleiner Lehrgang

Anfangsschlinge

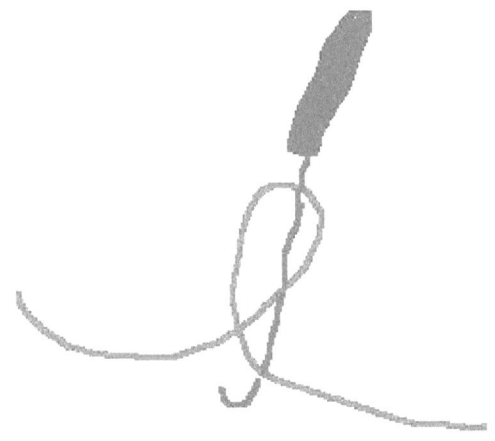

Legen Sie eine Schlinge und holen Sie mit der
Häkelnadel den Faden hindurch.

Ziehen Sie den Faden an.

Diesen Schritt mehrmals wiederholen, dann haben
Sie eine Luftmaschenkette.

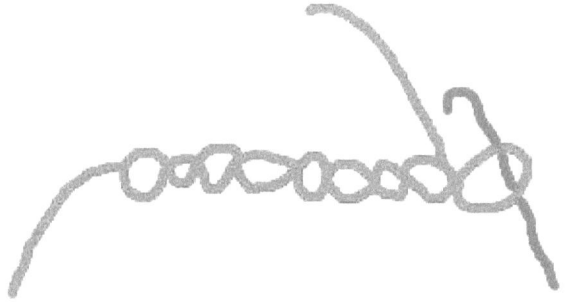

Stechen Sie in die Masche ein und holen den Faden hindurch.
Nun haben Sie zwei Schlingen auf der Nadel. Holen Sie den
Faden nochmals und ziehen ihn hindurch.

In Runden häkeln:

Schlagen Sie zwei Luftmaschen an.

Stechen Sie in die zweite Luftmasche ein und bilden entsprechende Maschen.

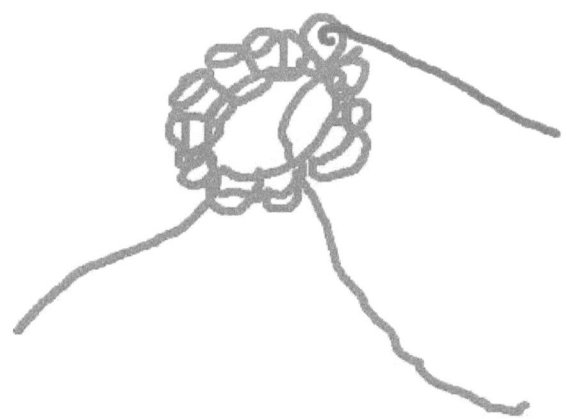

Ich wünsche Ihnen viel Spaß und Freude.

Lilli und Willi die Froschgeschwister

Folgende Materialien werden benötigt:

- Wolle, am Besten Baumwolle
- Häkelnadel in der passenden Stärke, ich bevorzuge Garn und Häkelnadel in der Stärke 2
- Füllwatte
- Nähgarn
- Nähnadel
- Knöpfe oder Kuscheltieraugen
- Schere

Anleitung:

Körper:

Jeder Stichpunkt beinhaltet eine neue Runde.

- Bilden Sie einen Fadenring (oder häkeln Sie zwei Luftmaschen und stechen in die zweite Masche ein)
- Häkeln Sie 6 Feste Maschen im Ring
- Nun verdoppeln Sie jede Masche, so dass sich jetzt 12 Maschen im Ring befinden
- Jetzt müssen Sie jede 2. Masche verdoppeln. Es befinden sich jetzt 18 Maschen im Ring.
- 4 Reihen Feste Maschen.
- Nun jede 2. Masche zusammenhäkeln. Sie haben nun noch 12 Maschen. Den Körper mit Füllwatte füllen. Den Faden abketten und alles zunähen.

Jetzt häkeln wir den Kopf

Jeder Stichpunkt beinhaltet eine neue Runde.

- Bilden Sie einen Fadenring (oder häkeln Sie zwei Luftmaschen und stechen in die zweite Masche ein)
- Häkeln Sie 6 Feste Maschen im Ring
- Nun verdoppeln Sie jede Masche, so dass sich jetzt 12 Maschen im Ring befinden
- Jetzt müssen Sie jede 2. Masche verdoppeln. Es befinden sich jetzt 18 Maschen im Ring.
- Bitte verdoppeln Sie jede 3. Masche. Sie haben nun 24 Maschen.
- Jetzt jede 4. Masche verdoppeln. Es sind nun 30 Maschen vorhanden.
- Nun häkeln Sie 4 Reihen Feste Maschen. Es bleiben immer 30 Maschen.
- Jetzt häkeln Sie jede 3. und 4. Masche zusammen. Es sind nun noch 24 Maschen vorhanden.
- Nun häkeln Sie jede 2. und 3. Masche zusammen. Sie haben nun 18 Maschen.
- Nun jede 2. Masche zusammenhäkeln. Sie haben nun noch 12 Maschen. Der Kopf kann mit Füllwatte ausgefüllt werden.
- Nun jede 2. Masche zusammennähen und den Kopf schließen.

Nun häkeln wir die Augen.

- Bilden Sie einen Fadenring (oder häkeln Sie zwei Luftmaschen und stechen in die zweite Masche ein)
- Häkeln Sie 6 Feste Maschen im Ring

- Nun verdoppeln Sie jede Masche, so dass sich jetzt 12 Maschen im Ring befinden, beenden Sie diese Runde mit einer Kettmasche. Häkeln Sie die Augen noch ein zweites Mal und befestigen Sie am Kopf. Kleben Sie noch jeweils ein Wackelauge an.

Nun häkeln Sie zwei Mal die Arme

- Bilden Sie einen Fadenring (oder häkeln Sie zwei Luftmaschen und stechen in die zweite Masche ein)
- Häkeln Sie 8 Feste Maschen im Ring
- Häkeln Sie 3 Reihen Feste Maschen.
- Nun jede 2. Masche zusammenhäkeln
- 2 Reihen Feste Maschen
- abketten und mit Füllwatte füllen, zunähen.

Nun häkeln Sie zwei Mal die Beine

- Bilden Sie einen Fadenring (oder häkeln Sie zwei Luftmaschen und stechen in die zweite Masche ein)

- Häkeln Sie 8 Feste Maschen im Ring
- Häkeln Sie 5 Reihen Feste Maschen.
- Nun jede 2. Masche zusammenhäkeln
- 2 Reihen Feste Maschen
- abketten und mit Füllwatte füllen, zunähen.

Alle Teile zusammen nähen. Nun brauchen die Frösche noch den Schal.

Dazu 25 Luftmaschen und 1 Reihe Feste Maschen. Abketten und den Faden vernähen. Das Tierchen ist fertig.

Heidi Hase

Folgende Materialien werden benötigt:

- Wolle, am Besten Baumwolle
- Häkelnadel in der passenden Stärke, ich bevorzuge Garn und Häkelnadel in der Stärke 2
- Füllwatte
- Nähgarn
- Nähnadel
- Knöpfe oder Augen
- Schere

Anleitung:

Körper:

34

Jeder Stichpunkt beinhaltet eine neue Runde.

- Bilden Sie einen Fadenring (oder häkeln Sie zwei Luftmaschen und stechen in die zweite Masche ein)
- Häkeln Sie 6 Feste Maschen im Ring
- Nun verdoppeln Sie jede Masche, so dass sich jetzt 12 Maschen im Ring befinden
- Jetzt müssen Sie jede 2. Masche verdoppeln. Es befinden sich jetzt 18 Maschen im Ring.
- Nun sollten Sie jede 3. Masche verdoppeln. Sie haben nun 24 Maschen.
- Nun häkeln Sie acht Reihen Feste Maschen, es bleiben immer 24 Maschen.
- Jetzt jede 2. und 3. Masche zusammenhäkeln, Es bleiben nun 18 Maschen.
- 1 Reihe Feste Maschen.
- Nun den Körper mit Füllwatte füllen. Den Faden durch die Masche ziehen und abschneiden. Er sollte aber etwas länger gelassen werden, damit man mit ihm den Körper zunähen kann, was auch jetzt geschehen sollte.

Jetzt häkeln wir den Kopf

Jeder Stichpunkt beinhaltet eine neue Runde.

- Bilden Sie einen Fadenring (oder häkeln Sie zwei Luftmaschen und stechen in die zweite Masche ein)
- Häkeln Sie 6 Feste Maschen im Ring
- Nun verdoppeln Sie jede Masche, so dass sich jetzt 12 Maschen im Ring befinden
- Jetzt müssen Sie jede 2. Masche verdoppeln. Es befinden sich jetzt 18 Maschen im Ring.
- Bitte verdoppeln Sie jede 3. Masche. Sie haben nun 24 Maschen.
- Jetzt jede 4. Masche verdoppeln. Es sind nun 30 Maschen vorhanden.
- Nun häkeln Sie 4 Reihen Feste Maschen. Es bleiben immer 30 Maschen.
- Jetzt häkeln Sie jede 3. und 4. Masche zusammen. Es sind nun noch 24 Maschen vorhanden.
- Nun häkeln Sie jede 2. und 3. Masche zusammen. Sie haben nun 18 Maschen.
- Nun jede 2. Masche zusammenhäkeln. Sie haben nun noch 12 Maschen. Der Kopf kann mit Füllwatte ausgefüllt werden.
- Nun jede 2. Masche zusammennähen und den Kopf schließen.

Nun kommen die Ohren an die Reihe. Sie werden zwei Mal gehäkelt.

- Bilden Sie einen Fadenring (oder häkeln Sie zwei Luftmaschen und stechen in die zweite Masche ein)
- Häkeln Sie 4 Feste Maschen im Ring.
- Nun verdoppeln Sie jede Masche. Sie haben nun 8 Maschen.
- Jetzt verdoppeln Sie jede 2. Masche.
- Nun häkeln Sie 23 Reihen Feste Maschen.
- Der Faden kann nun vernäht werden und das Häkelstück kann verschlossen werden.

Nun häkeln wir die Arme.

- Bilden Sie einen Fadenring (oder häkeln Sie zwei Luftmaschen und stechen in die zweite Masche ein)
- Häkeln Sie 4 Feste Maschen im Ring.
- Nun verdoppeln Sie jede Masche. Sie haben nun 8 Maschen.
- Nun häkeln Sie 6 Reihen Feste Maschen.
- Der Faden kann nun vernäht werden und das Häkelstück kann verschlossen werden.

Die Beine

- Bilden Sie einen Fadenring (oder häkeln Sie zwei
  Luftmaschen und stechen in die zweite Masche ein)
- Häkeln Sie 6 Feste Maschen im Ring.
- Nun verdoppeln Sie jede Masche. Sie haben nun 12
  Maschen.
- Nun häkeln Sie 5 Reihen Feste Maschen.
- Der Faden kann nun vernäht werden und das
  Häkelstück kann verschlossen werden.

Nun alle Teile füllen und zusammennähen. Als Augen
entweder Knöpfe oder Stofftieraugen verwenden und
annähen oder kleben.

Verliebte Bärchen

Folgende Materialien werden benötigt:

- Wolle, am Besten Baumwolle
- Häkelnadel in der passenden Stärke, ich bevorzuge Garn und Häkelnadel in der Stärke 2
- Füllwatte
- Nähgarn
- Nähnadel
- Knöpfe oder Augen
- Schere

Anleitung:

Körper:

Jeder Stichpunkt beinhaltet eine neue Runde.

- Bilden Sie einen Fadenring (oder häkeln Sie zwei Luftmaschen und stechen in die zweite Masche ein)
- Häkeln Sie 6 Feste Maschen im Ring
- Nun verdoppeln Sie jede Masche, so dass sich jetzt 12 Maschen im Ring befinden
- Jetzt müssen Sie jede 2. Masche verdoppeln. Es befinden sich jetzt 18 Maschen im Ring.
- Nun jede 3. Masche verdoppeln. Es sind nun 24 Maschen.
- Nun häkeln Sie sieben Reihen Feste Maschen, es bleiben immer 24 Maschen.
- Jetzt jede 2. und 3. Masche zusammennähen. Es sind nun 18 Maschen.
- Nun den Körper sehr stramm mit Füllwatte füllen. Den Faden durch die Masche ziehen und abschneiden. Er sollte aber etwas länger gelassen werden, damit man mit ihm den Körper zunähen kann, was auch jetzt geschehen sollte.

Jetzt häkeln wir den Kopf

Jeder Stichpunkt beinhaltet eine neue Runde.

- Bilden Sie einen Fadenring (oder häkeln Sie zwei Luftmaschen und stechen in die zweite Masche ein)
- Häkeln Sie 6 Feste Maschen im Ring
- Nun verdoppeln Sie jede Masche, so dass sich jetzt 12 Maschen im Ring befinden
- Jetzt müssen Sie jede 2. Masche verdoppeln. Es befinden sich jetzt 18 Maschen im Ring.
- Bitte verdoppeln Sie jede 3. Masche. Sie haben nun 24 Maschen.
- Jetzt jede 4. Masche verdoppeln. Es sind nun 30 Maschen vorhanden.
- Nun häkeln Sie 4 Reihen Feste Maschen. Es bleiben immer 30 Maschen.
- Jetzt häkeln Sie jede 3. und 4. Masche zusammen. Es sind nun noch 24 Maschen vorhanden.
- Nun häkeln Sie jede 2. und 3. Masche zusammen. Sie haben nun 18 Maschen.
- Nun jede 2. Masche zusammenhäkeln. Sie haben nun noch 12 Maschen. Der Kopf kann mit Füllwatte ausgefüllt werden.
- Nun jede 2. Masche zusammennähen und den Kopf schließen.

Schnauze

- Bilden Sie einen Fadenring (oder häkeln Sie zwei Luftmaschen und stechen in die zweite Masche ein)

- Häkeln Sie 6 Feste Maschen im Ring
- Nun verdoppeln Sie jede Masche, so dass sich jetzt 12 Maschen im Ring befinden
- Nun jede 2. Masche verdoppeln. Sie haben nun 18 Maschen.
- Nun jede 3. Masche verdoppeln. Sie haben nun 24 Maschen. Abketten und an den Kopf nähen. Mund und Nase aufsticken. Augen ans Gesicht nähen.

Ohren (2x)

- Bilden Sie einen Fadenring (oder häkeln Sie zwei Luftmaschen und stechen in die zweite Masche ein)
- Häkeln Sie 6 Feste Maschen im Ring
- Nun verdoppeln Sie jede Masche, so dass sich jetzt 12 Maschen im Ring befinden
- Jetzt müssen Sie jede 2. Masche verdoppeln. Es befinden sich jetzt 18 Maschen im Ring.
- Häkeln Sie 3 Reihen Feste Maschen.
- Abketten und an den Kopf nähen.

Arme (2x)

- Bilden Sie einen Fadenring (oder häkeln Sie zwei Luftmaschen und stechen in die zweite Masche ein)
- Häkeln Sie 6 Feste Maschen im Ring
- Nun verdoppeln Sie jede Masche, so dass sich jetzt 12 Maschen im Ring befinden
- Häkeln Sie 8 Reihen Feste Maschen
- Abketten und füllen.

Beine (2 x)

- Bilden Sie einen Fadenring (oder häkeln Sie zwei Luftmaschen und stechen in die zweite Masche ein)
- Häkeln Sie 6 Feste Maschen im Ring
- Nun verdoppeln Sie jede Masche, so dass sich jetzt 12 Maschen im Ring befinden
- Jetzt müssen Sie jede 2. Masche verdoppeln. Es befinden sich jetzt 18 Maschen im Ring.
- Häkeln Sie 1 Reihe Feste Maschen.
- Jede 1. und 2. Masche zusammenhäkeln. Es sind nun 12 Maschen.
- Häkeln Sie 10 Reihen Feste Maschen.
- Abketten und Füllen.

Nähen Sie alle Teile zusammen.

Jetzt kommt das Herz an die Reihe.

Zuerst häkeln Sie 2 Häubchen.

- Bilden Sie einen Fadenring (oder häkeln Sie zwei Luftmaschen und stechen in die zweite Masche ein)

43

- Häkeln Sie 6 Feste Maschen im Ring
- Nun verdoppeln Sie jede Masche, so dass sich jetzt 12 Maschen im Ring befinden
- 1 Reihe Feste Maschen
- abketten
- Nun wird ein weiteres Häubchen wie oben genannt gehäkelt.
- Es werden jetzt beide Häubchen zusammen gehäkelt.

Beide Häubchen zusammenhäkeln

- Die Häubchen werden einmal komplett umhäkelt.
- Nun werden 4 Reihen Feste Maschen gehäkelt.
- Nun wird jede 7. und 8. Masche zusammengehäkelt. Wir haben nun 21 Maschen.
- Jetzt jede 6. und 7. Masche zusammenhäkeln. (18)

- Nun jede 5. und 6. Masche. (15)
- Jede 4. und 5. Masche (12)
- Das Herz kann jetzt mit Füllwatte gefüllt werden.
- Jede 3. und 4. Masche zusammennehmen (9).
- Jede 2. und 3. Masche zusammennehmen (6).
- Jetzt jede 1. und 2. Masche zusammen, abketten und vernähen.

Alle Teile zusammennähen.

Das lustige Küken Hugo

Folgende Materialien werden benötigt:

- Wolle, am Besten Baumwolle

- Häkelnadel in der passenden Stärke, ich bevorzuge Garn und Häkelnadel in der Stärke 2
- Füllwatte
- Nähgarn
- Nähnadel
- Knöpfe oder Augen
- Schere

Wir beginnen mit dem Körper:

Jeder Stichpunkt beinhaltet eine neue Runde.

- Bilden Sie einen Fadenring (oder häkeln Sie zwei Luftmaschen und stechen in die zweite Masche ein)
- Häkeln Sie 6 Feste Maschen im Ring
- Nun verdoppeln Sie jede Masche, so dass sich jetzt 12 Maschen im Ring befinden
- Jetzt müssen Sie jede 2. Masche verdoppeln. Es befinden sich jetzt 18 Maschen im Ring.
- Bitte verdoppeln Sie jede 3. Masche. Sie haben nun 24 Maschen.
- Jetzt jede 4. Masche verdoppeln. Es sind nun 30 Maschen vorhanden.
- 2 Reihen Feste Maschen (30)
- Nun verdoppeln wir jede 5. Masche (36)

- Nun jede 6. Masche verdoppeln (42)
- Vier Reihen Feste Maschen.
- Nun jede 5. und 6. Masche zusammenhäkeln (36)
- Jede 4. und 5. Masche zusammenhäkeln (30)
- Jetzt häkeln wir jede 3. und 4. Masche zusammen (24)
- . Jede 2. und 3. Masche wird zusammengehäkelt (18)
- Den Körper nun schon mal mit Watte ausfüllen.
- Jede 1. und 2. Masche zusammenhäkeln (12)
- Nun jede Masche zusammenhäkeln (6)
- Abketten und zunähen

Flügel (2 x)

- Bilden Sie einen Fadenring (oder häkeln Sie zwei Luftmaschen und stechen in die zweite Masche ein)
- Häkeln Sie 5 Feste Maschen im Ring
- Nun verdoppeln Sie jede Masche, so dass sich jetzt 10 Maschen im Ring befinden
- 5 Reihen FM
- Abketten und am Körper annähen.

Die Augen aufnähen.

Nun muss noch der Schnabel gestickt werden.

Sticken Sie zuerst
die Umrandung des
Schnabels

Nun füllen Sie den
Stabel mit einigen
Stichen

Das Küken ist fertig.

Ottilie Megarüssel

Folgende Materialien werden benötigt:

- Wolle, am Besten Baumwolle
- Häkelnadel in der passenden Stärke, ich bevorzuge Garn und Häkelnadel in der Stärke 2
- Füllwatte
- Nähgarn
- Nähnadel
- Knöpfe oder Augen

- Schere
- Etwas Stoff für die Ohren

Wir beginnen mit dem Körper:

Jeder Stichpunkt beinhaltet eine neue Runde.

- Bilden Sie einen Fadenring (oder häkeln Sie zwei Luftmaschen und stechen in die zweite Masche ein)
- Häkeln Sie 6 Feste Maschen im Ring
- Nun verdoppeln Sie jede Masche, so dass sich jetzt 12 Maschen im Ring befinden
- Jetzt müssen Sie jede 2. Masche verdoppeln. Es befinden sich jetzt 18 Maschen im Ring.
- Bitte verdoppeln Sie jede 3. Masche. Sie haben nun 24 Maschen.
- Jetzt jede 4. Masche verdoppeln. Es sind nun 30 Maschen vorhanden.
- 2 Reihen Feste Maschen (30)
- Nun verdoppeln wir jede 5. Masche (36)
- Nun jede 6. Masche verdoppeln (42)
- Vier Reihen Feste Maschen.
- Nun jede 5. und 6. Masche zusammenhäkeln (36)
- Jede 4. und 5. Masche zusammenhäkeln (30)

- Jetzt häkeln wir jede 3. und 4. Masche zusammen (24)
- . Jede 2. und 3. Masche wird zusammengehäkelt (18)
- Den Körper nun schon mal mit Watte ausfüllen.
- Jede 1. und 2. Masche zusammenhäkeln (12)
- Nun jede Masche zusammenhäkeln (6)
- Abketten und zunähen

Arme und Beine (4 x)

- Bilden Sie einen Fadenring (oder häkeln Sie zwei Luftmaschen und stechen in die zweite Masche ein)
- Häkeln Sie 6 Feste Maschen im Ring
- Nun verdoppeln Sie jede Masche, so dass sich jetzt 12 Maschen im Ring befinden
- 3 Reihen Feste Maschen
- Abketten, füllen und an den Körper nähen

Ohren (2 x)

- Häkeln Sie 20 Luftmaschen
- Häkeln Sie 5 Runden Feste Maschen um die Luftmaschen herum
- Abketten
- Mit dem Stoff besticken und am Kopf annähen

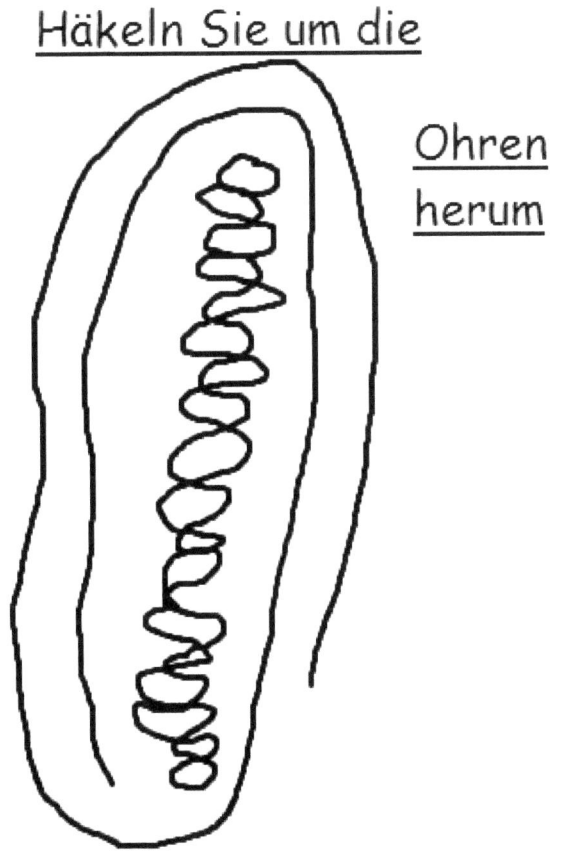

Häkeln Sie um die Ohren herum

Rüssel

Nun zum Megarüssel

- Bilden Sie einen Fadenring (oder häkeln Sie zwei Luftmaschen und stechen in die zweite Masche ein)
- Häkeln Sie 6 Feste Maschen im Ring
- Nun verdoppeln Sie jede Masche, so dass sich jetzt 12 Maschen im Ring befinden
- Das Häkelstück wenden damit eine Kante entsteht
- 50 Reihen Feste Maschen
- Jede 2. und 3. Masche zusammenhäkeln
- 4 Reihen Feste Maschen
- Den Rüssel abketten und füllen.
- An den Körper nähen

Schwanz

- 10 Luftmaschen
- Abketten und an den Körper nähen

Alles zusammennähen.

Das Eulentrio

Folgende Materialien werden benötigt:

- Wolle, am Besten Baumwolle

- Häkelnadel in der passenden Stärke, ich bevorzuge Garn und Häkelnadel in der Stärke 2
- Füllwatte
- Nähgarn
- Nähnadel
- Knöpfe
- Schere
- Kleber

Anleitung:

Körper:

Jeder Stichpunkt beinhaltet eine neue Runde.

- Bilden Sie einen Fadenring (oder häkeln Sie zwei Luftmaschen und stechen in die zweite Masche ein)
- Häkeln Sie 6 Feste Maschen im Ring
- Nun verdoppeln Sie jede Masche, so dass sich jetzt 12 Maschen im Ring befinden
- Jetzt müssen Sie jede 2. Masche verdoppeln. Es befinden sich jetzt 18 Maschen im Ring.
- Bitte verdoppeln Sie jede 3. Masche. Sie haben nun 24 Maschen.
- Jetzt jede 4. Masche verdoppeln. Es sind nun 30 Maschen vorhanden.
- Verdoppeln Sie bitte jede 5. Masche. Sie haben nun 36 Maschen.
- Verdoppeln Sie nun jede 6. Masche. Es sind jetzt 42 Maschen.

- Häkeln Sie acht Runden. Es bleiben 42 Maschen.
- Häkeln Sie nun jede 5. Masche zusammen. Es sind nun 36 Maschen.
- Häkeln Sie 12 Runden.
- Nun den Faden durchziehen, lang lassen zum Vernähen und abschneiden. Die Eule mit Füllwatte füllen und oben gerade zusammennähen.

Ohren (2 x)

- 6 Fäden schneiden
- an den Ecken für die Ohren mit einer Häkelnadel durchziehen
- verknoten und zurechtschneiden

Die Fäden für die
Ohren durchziehen,

verknoten
und

zurechtschneiden.

Augen (2 x)

- Bilden Sie einen Fadenring (oder häkeln Sie zwei
  Luftmaschen und stechen in die zweite Masche ein)
- Häkeln Sie 6 Feste Maschen im Ring
- Nun verdoppeln Sie jede Masche, so dass sich jetzt
  12 Maschen im Ring befinden

Flügel (2 x)

- 4 Luftmaschen
- um die Luftmaschen herum 8 Stäbchen
- Abketten und an den Körper nähen.

Flügel
4 Luftmaschen und 8
Stäbchen drumherum

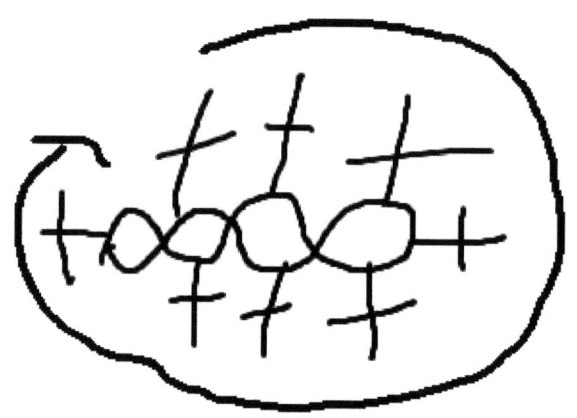

Aufhänger

15 Luftmaschen, Abketten und vernähen.

Alle Teile füllen und zusammennähen.

Esel Ludmilla

Jeder Stichpunkt beinhaltet eine neue Runde.
Zunächst fangen wir mit dem Kopf an.

Folgende Materialien werden benötigt:

- Wolle, am Besten Baumwolle
- Häkelnadel in der passenden Stärke, ich bevorzuge Garn und Häkelnadel in der Stärke 2
- Füllwatte
- Nähgarn
- Nähnadel
- Knöpfe oder Augen
- Schere

- Bilden Sie einen Fadenring (oder häkeln Sie zwei Luftmaschen und stechen in die zweite Masche ein)
- Häkeln Sie 6 Feste Maschen im Ring
- Nun verdoppeln Sie jede Masche, so dass sich jetzt 12 Maschen im Ring befinden
- Jetzt müssen Sie jede 2. Masche verdoppeln. Es befinden sich jetzt 18 Maschen im Ring.
- Bitte verdoppeln Sie jede 3. Masche. Sie haben nun 24 Maschen.
- Jetzt jede 4. Masche verdoppeln. Es sind nun 30 Maschen vorhanden.
- Nun jede 5. Masche verdoppeln. Es sind nun 36 Maschen.
- Nun häkeln Sie 5 Reihen Feste Maschen. Es bleiben immer 36 Maschen.
- Jede 4. und 5. Masche wird zusammengehäkelt. Es sind nun 30 Maschen.
- Jetzt häkeln Sie jede 3. und 4. Masche zusammen. Es sind nun noch 24 Maschen vorhanden.

- Nun häkeln Sie jede 2. und 3. Masche zusammen. Sie haben nun 18 Maschen.
- Nun jede 2. Masche zusammenhäkeln. Sie haben nun noch 12 Maschen. Der Kopf kann mit Füllwatte ausgefüllt werden.
- Nun jede 2. Masche zusammennähen und den Kopf schließen.

Nun häkeln wir die Schnauze.

- Bilden Sie einen Fadenring (oder häkeln Sie zwei Luftmaschen und stechen in die zweite Masche ein)
- Häkeln Sie 6 Feste Maschen im Ring
- Nun verdoppeln Sie jede Masche, so dass sich jetzt 12 Maschen im Ring befinden
- Jetzt müssen Sie jede 2. Masche verdoppeln. Es befinden sich jetzt 18 Maschen im Ring.
- Nun häkeln Sie 8 Reihen Feste Maschen und schließen mit einer Kettmasche.
- Stopfen und an den Kopf nähen. Nasenlöcher sticken und Augen annähen.

Eselohren (2 x)

- 14 Luftmaschen
- Jetzt in Runden häkeln
- Zuerst 14 Feste Maschen, dann eine Luftmasche, 14 Feste Maschen, eine Luftmasche, 15 Feste Maschen, dann eine Luftmasche, 15 Feste Maschen, eine Luftmasche, 16 Feste Maschen, dann eine Luftmasche, 16 Feste Maschen, eine Luftmasche, nochmals 16 Feste Maschen, dann eine Luftmasche, 16 Feste Maschen, eine Luftmasche, mit einer Kettmasche schließen und am Kopf annähen.

Körper

- Bilden Sie einen Fadenring (oder häkeln Sie zwei Luftmaschen und stechen in die zweite Masche ein)
- Häkeln Sie 6 Feste Maschen im Ring
- Nun verdoppeln Sie jede Masche, so dass sich jetzt 12 Maschen im Ring befinden
- Jetzt müssen Sie jede 2. Masche verdoppeln. Es befinden sich jetzt 18 Maschen im Ring.
- Bitte verdoppeln Sie jede 3. Masche. Sie haben nun 24 Maschen.
- Jetzt jede 4. Masche verdoppeln. Es sind nun 30 Maschen vorhanden.
- Nun jede 5. Masche verdoppeln. Es sind nun 36 Maschen.
- Nun jede 6. Masche verdoppeln. Es sind nun 42 Maschen.

- Nun jede 7. Masche verdoppeln. Es sind nun 48 Maschen.
- Nun häkeln Sie 8 Reihen Feste Maschen. Es bleiben immer 48 Maschen.
- Jede 6. und 7. Masche zusammenhäkeln (42)
- Jede 5. und 6. Masche zusammenhäkeln. Es sind nun 36 Maschen.
- Jede 4. und 5. Masche wird zusammengehäkelt. Es sind nun 30 Maschen.
- Jetzt häkeln Sie jede 3. und 4. Masche zusammen. Es sind nun noch 24 Maschen vorhanden.
- Nun häkeln Sie jede 2. und 3. Masche zusammen. Sie haben nun 18 Maschen.
- Nun jede 2. Masche zusammenhäkeln. Sie haben nun noch 12 Maschen. Der Kopf kann mit Füllwatte ausgefüllt werden.
- Nun jede 2. Masche zusammennähen und den Körper schließen.

Beine (4 x)

- Bilden Sie einen Fadenring (oder häkeln Sie zwei Luftmaschen und stechen in die zweite Masche ein)
- Häkeln Sie 6 Feste Maschen im Ring
- Nun verdoppeln Sie jede Masche, so dass sich jetzt 12 Maschen im Ring befinden
- 6 Reihen Feste Maschen
- Abketten, füllen und am Körper annähen.

Schwanz

- 10 Luftmaschen
- wenden
- 10 Feste Maschen
- Abketten und vernähen.
- Mit der Häkelnadel 5 Fäden durch die letzte Schlaufe
  ziehen und verknoten. Zurechtschneiden
- Am Körper befestigen.
- Alle Teile zusammennähen.

Nachtrag zum Impressum / Copyright

Fotolia com

- Alexander
- Igor Tarasov
- Tzidophoto
- Oleg Pivavarov
- Photos 777
- Schmaelterphoto
- Stylephoto 24

Herstellung und Verlag:
BoD - Books on Demand, Norderstedt
ISBN 978-3-7392-3766-4